LETTRE
SUR
LA MORALE
DE
CONFUCIUS,
PHILOSOPHE
DE
LA CHINE.

* * * *
* * * * *
* * * * *
* * *
*

A AMSTERDAM,
Chez PIERRE SAVOURET,
dans le Kalver-ſtraat.

LETTRE
SUR
LA MORALE
DE
CONFUCIUS,
PHILOSOPHE
DE
LA CHINE.

Monsieur,

Le preſent que je vous fais, ne ſçauroit manquer de vous être agréable. Vous aimez les bonnes maximes de Morale : En voici des meilleures

& des plus solides. Si le lieu d'où elles viennent les pouvoit rendre plus considérables, elles le seroient à cause de son éloignement. Ce sont des Perles, ou des Pierres précieuses de la Chine, & quelque chose de plus grand prix ; parce qu'il n'y a rien de comparable aux tresors de la Sagesse, comme dit l'Ecriture : *Pretiosior est cunctis opibus sapientia & omnia quæ desiderantur huic non valent comparari.* Prov. c. 3. Je pourrois dire la même chose à l'égard de leur Antiquité, si la verité n'étoit de tout tems, & si on pouvoit penser que ces Maximes, pour être plus anciennes, en fussent aussi plus véritables & plus solides. Confucius, de qui on les a tirées, a vecu cinq cens ans avant la Naissance temporelle de Jesus-Christ, & ce sage Chinois disoit les avoir reçuës des Anciens comme par tradition : de sorte que l'on pourroit non seulement les raporter à Noë (un de ses fils s'étant établi dans l'Orient) mais encore aux Patriarches avant le Déluge : & enfin au premier homme, pour ne pas dire à Dieu même, qui est le Pere de toutes les lumieres : *Omne donum perfectum de sursum est descendens à Patre luminum.* Cependant admirons la Providence divine, qui a donné à toutes les Nations de la terre des enseignemens & des Maîtres pour les conduire. *In unamquamque gentem præposuit Rectorem.* Eccli. c. 17. Nous en avons ici un témoignage bien assuré. On voit chez Confucius comme un craion ou une ombre du Christianisme, & aussi un abregé de tout ce que les Philosophes avoient reconnu de plus solide en matiere de Morale. Son principe est que l'homme étant déchû de la perfection de sa nature, se trouve corrompu par des passions & par des préjugez ; de sorte qu'il est nécessaire de le rapeller à la droite raison, & de le renouveller. Ne semble-t-il pas que nous entendions Saint Paul qui nous dit : *Renovamini spiritu mentis vestræ, & induite novum hominem, qui secundum Deum creatus est in justitia & sanctitate veritatis.* Si la volonté de l'homme est bien réglée, dit nôtre Philosophe, il ne fera que de bonnes actions ; & si son entendement est dans la rectitude qui lui convient, sa volonté ne manquera pas d'être bien réglée. Comment pourriez-vous faire du bien, dit JESUS-CHRIST aux Juifs, si vous êtes mauvais ? *Non potest arbor mala, bonos fructus facere.* Et ailleurs, S. Paul dit que les hommes sont éloignez de la voie de Dieu par leur ignorance : *Alienati à via Dei, per ignorantiam quæ est in illis.* Il n'y aura donc qu'une chose à faire ; sçavoir, de porter nôtre esprit à la connoissance de la verité : *Porrò unum est necessarium.* Toutes les actions de la vie ne servent qu'à nous disposer à cette perfection, qui met nôtre ame dans le meilleur état où elle puisse être suivant l'ordre du Ciel. *Deus vult omnes homines salvos fieri, & ad agnitionem veritatis venire.* Ad Tim. c 2. Pour ce qui regarde les Philosophes, vous verrez ici des sentimens qui se raportent à ceux des Grecs, sur tout de Socrate & de Platon. Ces deux grands hommes vivoient à peu prés du tems de Confucius. Les Loix des Académiciens s'y trouvent aussi, soit que ce Chinois les ait tiré des Anciens, ou que le bon sens les lui ait inspirées, de même qu'aux Académiciens qui sont venus après lui. Au reste, Monsieur, ces enseignemens ne sont pas seulement bons pour les gens de la Chine, mais je suis persuadé qu'il y a peu de François qui ne s'estimât fort sage & fort heureux, s'il les pouvoit réduire en pratique. Vous en jugerez par vous-même, je vais les raporter suivant l'ordre de ses Livres.

Du premier Livre.

I.

IL faut renouveller l'homme ; & de même qu'un miroir que l'on veut rendre clair, il lui faut ôter toutes ses taches, en le purgeant de ses mauvaises habitudes & le nettoiant, en sorte qu'il soit exemt de troubles, soit de la part des passions, soit de la part des préjugez, afin qu'il revienne à la perfection de sa nature.

II.

C'est ce que l'on fera si on prend une ferme résolution de travailler à acquérir le souverain bien, qui consiste dans une parfaite conformité à la droite raison, soit pour nos sentimens, soit pour nos inclinations.

III.

Le plus court chemin & le moien le plus prompt pour disposer ainsi les hommes, est de les attirer par l'exemple de ceux qui les gouvernent.

IV.

Commencez à bien gouverner vôtre famille avant que de vouloir régner sur les peuples, & aprenez ainsi à commander.

V.

Ce que vous avez à faire à l'égard de vôtre esprit, est de le porter à son plus haut point de connoissance, & à la plus grande certitude qu'il peut avoir dans ses jugemens.

VI.

Lors que l'entendement sera élevé à sa perfection, la volonté ne manquera pas de se porter aussi à la sienne.

VII.

Et lors que la volonté sera réglée, on ne fera que de bonnes actions.

VIII.

Il y a deux choses à rectifier, sçavoir le *dedans* & le *dehors* de l'homme. Or le *dehors* est bien conduit, lors que le *dedans* est dans la rectitude nécessaire : & si on n'est bien réglé dans l'intérieur, on ne sçauroit produire au dehors que des actions de déréglement : d'où il s'ensuit que la premiere chose à laquelle il faut travailler est de rectifier son entendement, en le délivrant de l'Erreur & des Préjugez.

IX.

Un homme déreglé au dedans & au dehors de lui-même, ne sçauroit bien gouverner une famille ni un Empire.

X.

Le pere doit avoir un vrai amour pour son fils, & le fils une vraie obéïssance pour son pere.

XI.

Il y a une liaison étroite & comme une Parenté entre le Prince & les Sujets.

XII.

Si vous cherchez des Richesses extérieures avec avarice, vous vous mettez en état de n'en avoir jamais.

XIII.

Celui qui estime plus l'Or que la Vertu, perdra l'Or & la Vertu.

XIV.

L'amour d'un Peuple pour son Roi est un lien plus fort pour le tenir en obéïssance que la crainte : & jamais les Peuples ne sont bons Sujets, quand ils ne le sont que par crainte.

XV.

A l'égard de nos semblables & égaux, nous devons nous comporter comme nous voudrions que l'on se comportât à nôtre égard.

XVI.

La clémence d'un Prince à l'égard de ses Sujets, doit être comme l'amour d'un pere à l'égard de ses enfans.

XVII.

Les soins d'un Prince pour enrichir ses Sujets, doivent être comme ceux d'un pere pour enrichir ses enfans.

XVIII.

Un Prince doit se dépoüiller de ses intérêts particuliers, & ne se point considérer comme personne privée, ne s'attribuant rien de propre, & suivant en tout la raison & la bienséance.

XIX.

Le gain d'un Prince doit se mesurer par l'utilité publique.

Du second Livre.

I.

Tout peché vient de ce que l'on n'examine pas ce que l'on doit examiner.

II.

Il faut chercher le moien d'acquérir nôtre perfection, & d'arriver à la fin que nous nous proposons en voulant être heureux.

III.

Il ne faut se proposer des vertus extraordinaires, ni trop éloignées de la pratique, ne devant point aspirer à l'impossible, ni demander plus que la condition humaine ne peut accorder.

IV.

Il ne faut point s'attendre à des preuves surnaturelles ni miraculeuses, & l'on ne doit pas se faire de la réputation parmi les peuples par des prestiges.

V.

Le Sage suit la voie ordinaire que le Ciel & la Nature lui montrent.

VI.

Il n'y a point d'homme si stupide, ni de femme si ignorante, qui ne soit capable de réduire en pratique les moiens que le Ciel nous a donnez pour nous porter à nôtre perfection.

VII.

La Régle du moien universel est naturelle. Nous l'aportons avec nous en naissant.

VIII.

Chacun doit se contenter de son partage, recevant de bon cœur ce que le Ciel lui destine. S'il faut faire le Personnage de pauvre ou de riche, cela doit être égal pour le Sage.

IX.

Le Sage marche comme dans une

plaine, & le fou va se précipitant par des chemins périlleux, & par des voies inégales.

X.

Le Sage ressemble à un Tireur à l'Arc, qui ne raporte la faute qu'à lui seul, lors qu'il ne donne pas à son but.

XI.

Celui qui s'avance vers la vertu, comme s'il montoit une montagne, ne regarde point derriere, de peur de se décourager par la longueur du chemin qu'il pourroit avoir fait : il ne considére que le chemin qui lui reste à faire, songeant plutôt à le diminuer qu'à le mesurer.

XII.

Une femme qui aime la paix, remplira sa famille de satisfaction & de bonheur.

XIII.

Si on choisit les Sages pour gouverner dans le monde, on doit espérer que les peuples seront heureux ; & si on choisit des téméraires & des imprudens, la ruine des Etats s'ensuivra infailliblement.

XIV.

Celui qui gouverne, doit observer les Régles qui suivent.

1. Qu'il tâche de se perfectionner toûjours de plus en plus.

2. Qu'il choisisse & aime les Sages.

3. Qu'il conserve du respect pour ceux qui sont au dessus de lui naturellement.

4. Qu'il honore ses premiers Magistrats & ses principaux Ministres.

5. Qu'il céde au conseil des Administrateurs de la Justice & de ceux qui sont les plus expérimentez.

6. Qu'il aime ses Sujets comme ses propres enfans.

7. Qu'il fasse venir les meilleurs Artisans pour le bien de son Empire : qu'il les distingue & leur donne de l'emploi : qu'il ne renvoie jamais sans récompense ceux qui ont travaillé pour le bien public.

8. Qu'il reçoive honorablement les Etrangers.

9. Qu'il défende & protége ses Sous-Gouverneurs comme ses propres membres.

10. Qu'il médite souvent & examine s'il travaille sans cesse à se conformer à la droite raison.

XV.

Voici les Régles que chacun doit observer, en travaillant à se perfectionner de plus en plus.

1. Que l'on tâche d'observer tout ce qui peut contribuer à découvrir la verité, & que l'on ne travaille point à cela foiblement, comme par hazard, mais de dessein formé & sans réserve, comme étant la chose du monde la plus importante & la seule nécessaire.

2. Si on doute au sujet de quelque action particuliere de la vie, que l'on suive l'autorité de ceux qui passent pour les plus éclairez.

3. Que l'on tâche de se défaire de ses doutes, & de se fixer l'esprit, soit par des réflexions, soit par des expériences.

4. Que

4. Que l'on distingue bien le vrai du faux, discernant ce que l'on sçait, de ce que l'on ne sçait pas.

5. Que l'on agisse avec constance, lors que l'on aura reconnu ce que l'on doit faire.

XVI.

On ne doit attendre aucune récompense de la vertu, sinon la vertu seule; elle se soûtient d'elle-même, & se satisfait de sa propre nature, étant la fin des actions vraiment raisonnables.

XVII.

Si tu es arrivé à ta perfection, tâche de perfectionner les autres; mais souviens-toi de commencer par te perfectionner toi-même.

XVIII.

Le Sage ne peut se déguiser dans ses actions.

XIX.

Le Saint, ou le parfait Sage, est entierement conforme à l'idée que le Ciel a formée du Saint & du Parfait.

XX.

Le Saint fera tout-puissant, il sçaura toute chose, & aura toute vertu au Ciel & en Terre.

Du troisiéme Livre.

I.

Les discours trop recherchez, & remplis d'éloquence sont nuisibles. Ce sont des apas de l'erreur. La Rétorique est la peste des esprits. Il faut toûjours considérer si on dit vrai ; & jamais si on parle d'une maniere agréable à la multitude.

II.

Je dois examiner ma conscience sur trois choses.

1. Sçavoir si je me suis comporté à l'égard des autres, comme j'aurois souhaité qu'on l'eût fait à mon égard ; & cela avec la même sincérité & le même zéle.

2. Si j'ai servi mes amis non pas sous aparence d'amitié, tendant à mes intérêts, mais par de vrais & simples motifs d'honnêteté.

3. Si j'ai médité sur la Doctrine qui m'a été enseignée, & si j'ai tâché de la réduire en pratique.

III.

Fuiez la fréquentation des méchans, & associez-vous avec les Sages.

IV.

Si vous avez peché par fragilité, ne manquez pas de vous corriger incessamment.

V.

Ne mangez point pour le plaisir, mais seulement pour rendre vôtre corps utile au travail.

VI.

Un pauvre content de son état, vaut mieux qu'un riche arrogant : mais un riche qui ne s'en orgueillit point, vaut mieux que l'un & l'autre.

VII.

Celui qui est vraiment Philosophe, ne doit pas se tourmenter de ce que les hommes ne le connoissent point, ou ne l'écoutent pas, ne voulant pas profiter de ses lumieres ; car c'est leur faute, & non pas la sienne.

VIII.

Confucius s'apliqua d'abord à étudier les préceptes des Anciens, & à philosopher de son mieux.

IX.

A trente ans il fut si ferme & si constant, qu'aucune chose ne l'ébranloit. Il ne craignit plus les évenemens de la fortune : & rien n'étoit capable de le détourner de l'étude de la Philosophie.

X.

* A quarante ans il n'hésita plus, & ses doutes s'évanoüirent.

XI.

A cinquante ans, il reconnut la

Providence, & il sçut pénétrer dans les desseins du Ciel, voiant la nécessité & l'utilité qu'il y avoit de retourner à la pure lumiere de la raison, qui est le plus grand present que le Ciel ait fait au genre humain.

XII.

A soixante ans, la force de son entendement se trouva portée à sa perfection, & ce fut alors qu'il éprouva ce que c'est que d'avoir l'esprit grand & bien cultivé par une bonne & solide Philosophie.

XIII.

Enfin à soixante-dix ans, il n'avoit plus rien à craindre de la part de son corps ni des passions humaines. Il n'avoit plus de combats à rendre contre lui-même, étant paisible possesseur d'une paix intérieure, il ne pouvoit plus vouloir le mal.

XIV.

Les sources de la verité & de la Philosophie sont inépuisables, & peuvent faire naître dans nos esprits une infinité de plaisirs.

XV.

Un de ses Disciples lui aiant demandé ce qu'il pensoit de lui, il lui répondit; vous êtes un vase prêt à recevoir quelque chose.

XVI.

L'homme parfait est universel, il ne se resserre point à ses intérêts particuliers ; au lieu que l'homme imprudent est abjet & esclave. Il dépend des accidens de son propre corps, & ne s'étend point au delà des objets qui environnent l'exterieur de sa personne.

XVII.

Celui qui s'aplique uniquement aux actions exterieures, ne se perfectionne point l'esprit ; & celui qui ne s'adonne qu'à la contemplation, ne joüit pas du profit qu'il peut faire, & n'en sçait pas la mesure.

XVIII.

Si vous sçavez, faites connaître

que vous sçavez : si vous ne sçavez pas,
avoüez franchement que vous ne sçavez pas.

XXIX.

Rejettez tout ce qui est incer-
tain & douteux, quand il s'agit de
science.

XXI.

Et quand vous aurez quelque connoissance certaine, prenez garde de
quelle maniere vous la publierez,
aiant égard non seulement à vous-même, mais à la capacité de ceux à qui
vous avez à parler.

XXI.

Toutes les cérémonies sont inutiles
à des gens malicieux ou ignorans.

XXII.

Entre les personnes éclairees, il n'y
a pas lieu de contester.

XXIII.

N'admirez point dans la Musique
le plaisir que l'oreille en reçoit, mais

la beauté de la convenance & de l'accord.

XXIV.

L'homme déréglé ne peut demeurer avec la pauvreté, ni avec les richesses, il combat contre toutes sortes d'états, & se dégoûte de tout.

XXV.

La vertu est bien facile à avoir, puis que le simple desir l'obtient.

XXVI.

Le Philosophe agit toûjours en vûë de la verité, laquelle ne dépend point des circonstances particulieres des choses sensibles : il sçait qu'à l'égard de ces choses on ne doit pas s'obstiner, car elles n'ont rien de stable ni de permanent.

XXVIII.

Faites toutes choses de gré.

XXIX.

Le Philosophe est prompt à agir, & lent à parler & à décider.

Deuxiéme Partie du second Livre.

I.

IL est difficile qu'un homme accoûtumé à la Rétorique, & qui se laisse conduire par l'élegance du discours, devienne jamais Philosophe, & ne se charge point des taches de la multitude.

II.

Les Avaricieux sont insensez.

III.

Les vraies richesses viennent du Ciel. Les choses extérieures n'enrichissent point, mais seulement la bonne disposition d'esprit.

IV.

Confucius vivoit de viandes communes & faciles à préparer. Il beuvoit de l'eau, & couchant sur la dure, il n'avoit point d'autre chevet que son bras placé sous sa tête : avec cela il avoit pour le moins autant de plaisir que ceux qui vivent autrement. La satisfaction du cœur cause un véritable plaisir. Celui qui se fonde sur les choses extérieures, ressemble à une nuée volante qui se dissipe & se détruit d'elle-même.

V.

Si le Ciel alongeoit mes jours, j'emploierois encore ce tems à chercher la verité, & à aprendre toûjours quelque chose de nouveau.

VI.

Confucius ne parloit que tres-rarement de quatre choses ; sçavoir, des choses étrangeres, des monstres & évenemens casuels, des prodiges ou choses surnaturelles, & des séditions publiques.

VII.

Celui qui combat ma doctrine parce qu'elle est vraie, combat contre le Ciel, disoit Confucius.

VIII.

Je n'ai point encore vû la vertu achevée d'un parfait Sage Pour ce qui est de celle qui apartient au Philosophe ou à l'amateur de la Sagesse, j'espére que je la verrai quelque jour.

IX.

Quelqu'un avertissant Confucius de quelque faute qu'il faisoit, que je suis fortuné, dit-il, j'ai trouvé un homme pour me reprendre.

X.

Les Oiseaux chantent tristement lors qu'ils aprochent de la mort ; & les hommes au contraire commencent à bien parler quand ils font prêts à rendre l'ame.

XI.

Il faut que le Philosophe soit d'accord avec lui-même.

XII.

Aprenez toûjours : mais sur tout, si vous avez apris quelque chose, tâchez de ne le point oublier.

XIII.

Que cet homme étoit heureux, disoit Confucius, il étoit content de sa destinée.

I.

COnfucius étant parmi des Artisans, dit ; Je me serois volontiers Artisan moi-même, & prendrois un Art, quoique bas en aparence, sçachant bien qu'il n'y a rien de bas en ce qui peut être utile au public.

II.

Il déploroit le luxe, faisant connoître que ceux qui gouvernent doivent avoir grand soin d'empêcher les superfluitez des meubles & des habits, ces choses ne servant qu'à rendre les hommes plus sujets & plus indigens.

III.

Quoi qu'un Empereur vienne à mourir, une bonne Loi ne meurt point avec lui.

IV.

Confucius indigné de ce qu'on l'appelloit Sçavant ; Je parois sçavant à des gens qui ne le sont pas, dit-il.

I.

LE Sage ne s'attriſtera point lui-même, & ne ſera point émû par crainte. Il ne craindra point, parce qu'il n'y a rien qui ſoit capable de lui nuire : & il ne s'attriſtera point, parce que la triſteſſe eſt inutile, ce qui eſt une fois, ne pouvant pas n'avoir point été ; & parce que tout ce qui arrive venant par la permiſſion du Ciel, il n'a pas raiſon de deſaprouver un événement plutôt qu'un autre : parce qu'il n'en ſçait pas les ſuites, & ne ſçauroit juger par conſéquent du bien ni du mal qui en pourroit arriver. Outre que d'ailleurs il doit penſer que la Providence celeſte en juge mieux que lui, & lui deſtine toûjours ce qui lui convient le mieux.

II.

Amaſſer des vertus, c'eſt ſe fonder ſur la ſincérité & la fidélité de l'eſprit, lequel doit avoir pour but de se porter à la verité, & de se tourner toûjours vers ce qui est conforme à la droite raison.

III.

Il est bon de sçavoir terminer promtement les procés, mais il est plus avantageux d'empêcher qu'il n'y en ait.

IV.

Un Gouverneur impudent, disoit; Je ferai mourir tous ceux qui ne suivront pas les Loix. Confucius lui répondit : Commence plutôt à te rendre vertueux, & à donner bon exemple ; ensuite fais enseigner par tout la sagesse & la vertu, & ne pense pas que les vices de l'esprit se guérissent par la mort.

V.

D'être apellé illustre, ce n'est pas l'être pour cela : distinguez entre les discours de la multitude & de la verité. Celui qui est vraiment illustre, ne se soucie de rien moins que de passer pour illustre, & les autres font le contraire.

VI.

Quand on néglige les méchans, & qu'on ne fait point d'état de ceux qui ont aversion pour la Philosophie, on peut faire, si on choisit les Philosophes, que les méchans deviennent bons, & soient aprés cela dignes d'être choisis.

I.

Quelqu'un m'a fait une injure, je ne le mépriserai point pour cela : & si je vois d'ailleurs qu'il soit digne d'être aimé, je ne laisserai pas de l'aimer. Mais si d'autre part il mérite d'être haï, je ne l'aimerai point; non pas à cause de l'injure qu'il m'a faite, mais parce qu'il est véritablement haïssable, non pas pour sa propre personne, mais pour le vice qui est en lui.

II.

C'en est fait, disoit Confucius, il n'y a personne qui aime la verité, ni la vertu.

III.

Je passerai des jours entiers sans rien aprendre de nouveau par mes méditations : n'importe, il n'y a rien de meilleur que de travailler à s'instruire ; & celui-là a toûjours profité qui s'est apliqué à chercher la verité.

IV.

Le Sage a plus soin de la nourriture de son esprit que de celle de son corps.

V.

Celui qui est grand parleur, est dangereux.

VI.

Vous êtes jeune, fuiez la volupté; vous êtes à l'âge viril, fuiez les querelles; vous êtes arrivé à la vieillesse, fuiez l'avarice.

VII.

Vous voiez un Sage, regardez en lui ce qui vous manque : vous voiez un méchant, ne le touchez que comme vous toucheriez de l'eau boüillante.

I.

Celui qui aime la vertu, & se plaît à exercer la charité, s'il ne s'aplique aussi à chercher la verité & à *aprendre*, il tombera dans l'aveuglement, agissant sans choix & sans examen.

Celui qui se plaît à la prudence, a la

connoissance de la verité : s'il ne se met point en peine d'*aprendre*, il tombera dans l'incertitude & dans la perplexité d'esprit.

Celui qui se contente de la simple foi, se conduisant seulement par autorité, s'il ne se met point en peine d'*aprendre*, il se trouvera souvent dans la nécessité de combattre contre les autres & contre lui-même.

Celui qui aime la candeur & l'honnêteté, s'il ne se met point en peine d'*aprendre*, il aura de grands chagrins, bien des troubles d'esprit, & trouvera des difficultez qu'il ne pourra surmonter.

Celui qui se plaist à exercer sa constance, en supportant de grandes douleurs, s'il ne se met point en peine d'*aprendre*, se rendra insolent, rebelle, rempli d'imprudence & de folie.

II.

Ceux qui se conservent un *dehors* spécieux, & ne se mettent point en peine de se cultiver au dedans d'eux-mêmes, sont des larrons qui entrent la nuit par des trous & par des fenêtres.

I.

LE Sage exposera sa vie pour le bien public, & pour défendre sa Patrie.

II.

Tous ceux qui aiment la verité, & tâchent d'aprendre de jour en jour, reconnoissant ce qui leur manque, songeant à se corriger, & faisant réflexion sur ce qu'ils découvrent de bon & de vrai, doivent être apellez Philosophes.

III.

Si les Magistrats ont du tems, ils ne sçauroient mieux l'emploier qu'à aprendre & à philosopher.

Si les personnes privées ont du tems aprés avoir serieusement philosophé, ils ne sçauroient mieux l'emploier qu'aux affaires de la République, & à communiquer les tresors de leur connoissance.

IV.

Si étant Magistrat, vous avez découvert des crimes, ne vous en réjoüissez pas comme si vous aviez fait une découverte heureuse. Usez de clémence & de miséricorde, sçachant que toute la faute ne vient point des coupables ; mais qu'ils ont pour complices l'ignorance, le mauvais exemple, les fausses espérances, ou la crainte de quelques maux qu'ils ne pensoient pas pouvoir éviter autrement.

V.

Chacun peut suporter les calamitez de sa destinée ; mais personne ne peut se défendre des suites fâcheuses de l'erreur, ni de celles du peché que l'on commet de propos délibéré : les regrets s'enfuivent néceffairement, la confcience étant un Juge & un Puniffeur que l'on ne peut éviter.

Voilà, Monfieur, ce que j'ai crû devoir vous donner de Confucius. J'ai marqué les Livres dont j'ai tiré ces Maximes. On peut confulter l'Original fur les matieres que l'on fouhaite de voir plus au long & en plus de façons. Je ne doute point que vous ne reconnoiffiez combien ces fentimens s'accordent avec le Chriftianifme. On en pourroit trouver de femblables dans les Proverbes de Salomon, & dans plufieurs autres Livres Canoniques, auffi bien que chez les Académiciens & chez les Stoïciens. Au refte, il paroît affez que Confucius avoit une grande eftime & un grand zéle pour la Philofophie. Les premiers Peres de l'Eglife l'auroient fort aprouvé en cela, & fur tout S. Juftin Martir, qui dit : *Philofophia, eft revera maximum bonum*

& possessio, & apud Deum venerabilis quæ ducit ad eum, & sistit sola; & Sancti Beatique illi qui mentem ei donant. Il dit aussi, sine Philosophia nemo rectam rationem intelligit, quare oportet omnem hominem philosophari & hanc præcipuam functionem ducere. D'autre part, on ne doit pas se prévaloir de ce passage de S. Paul aux Colossiens, ch. 2. Videte ne quis vos seducat per Philosophiam: car il ajoûte, & inanem fallaciam secundùm elementa hujus mundi; pour faire connoître qu'il ne blâme qu'une méchante sorte de Philosophie suivant le goût du monde, & fondée sur des chicanes de Sophistes, ou sur les erreurs de quelques faux Sçavans, qui accommodent leurs maximes aux passions & à l'ambition des hommes. Aussi ce grand Apôtre en un autre endroit, fait encore connoître qu'il n'en veut qu'aux opinions qui portent faussement le nom de Sciences, & ne servent qu'à exciter des divisions sous une fausse aparence de sçavoir: Oppositiones falsi nominis Scien-

tiæ. Ad Tim. c. 6. C'est ainsi qu'il exprime cette fausse sorte de Philosophie contre laquelle il parle. D'ailleurs on peut s'assurer que ni Confucius, ni Socrate, ni Platon, ni les Académiciens n'ont jamais aprouvé cette sorte d'étude, pour ne pas dire qu'ils l'ont combattuë ouvertement. Mais de peur qu'il ne semble que je donne une nouvelle interprétation à ce passage de S. Paul, je raporterai les termes de S. Augustin sur ce sujet. *Et quia ipsum nomen Philosophæ rem magnam totóque animo expetendam significat*, dit ce Pere, *(siquidem Philosophia est amor studiúmque Sapientiæ) cautissime Apostolus ne ab amore Sapientiæ deterra videretur, subiecit:* SECUNDÙM ELEMENTA HUJUS MUNDI. La pluspart de ceux qui entendent parler de la Philosophie, s'imaginent d'abord des raisonnemens sur la Physique, & des Observations curieuses sur les phénomenes de la Nature : au lieu que ce n'est pas cela proprement que l'on doit entendre par ce mot, mais c'est l'étude & la recherche des pre-

premieres Veritez qui servent de principes à toutes nos connoissances, & nous conduisent dans nos jugemens. Or on ne doute pas qu'il ne soit de la derniere importance de s'apliquer à reconnoître ces Veritez, & à éviter les erreurs dans lesquelles nous pouvons tomber en jugeant des biens & des maux, & en même tems des premiers devoirs des hommes; puisque c'est en cela que consiste véritablement la Sagesse.

Je ne vous arréterai pas davantage sur ce sujet; je me suis un peu expliqué là-dessus dans mon *Apologie des Académiciens*.

Pour ce qui regarde nôtre Philosophe, quoiqu'il n'y ait rien dans ce que j'en ai raporté qui ne puisse être interprété en bonne part, je donne Confucius tel que je le trouve; & quoique je l'aie un peu ajusté à la Françoise, je ne pense pas pourtant l'avoir entierement déguisé. Il eût été à souhaiter qu'il se fût donné lui-même. Mais il a eu cela de commun avec la pluspart des grands Hommes, qu'il n'a presque rien écrit de son chef : de sorte que nous n'avons sa doctrine que sur le raport de ses Disciples. Cependant nous sommes redevables à tous ceux qui nous ont conservé les restes précieux de ce sçavant Chinois. On assure qu'il a eu trois mille Disciples, entre lesquels il en avoit choisi soixante-douze, & entre ceux-là dix. On lui attribuë quelques Histoires & quelques Mémoires sur les devoirs des Princes, & sur les Odes & les Enseignemens des anciens Empereurs de la Chine.

Cependant il faut remarquer que la médiocrité dont parle nôtre Philosophe, regarde l'usage des choses extérieures ; & cela se réduit à la maxime des Grecs, *ne quid nimis : Rien de trop.* On ne doit point être prodigue ni avaricieux : on ne doit point manger trop ni trop peu : on ne doit point être trop mal habillé ni trop somptueusement, ni se charger de superfluitez : Mais à l'égard de la perfection intérieure de l'esprit, il n'y a point de médiocrité à observer. Car on ne sçauroit trop se conformer à la droite raison. Il ne faut pas apréhender de se rendre l'esprit trop juste, ni de trop s'éloigner de l'erreur, des troubles & des préjugez ; on ne sçauroit être trop équitable, &c. Aussi quand Aristote parle des choses qui concernent la prudence, il dit, *ut vir prudens definierit.* Pour faire comprendre que l'on ne peut donner en cela de Régle fixe, à cause que la conduite de ces actions, & la mesure qu'on y doit prendre, dépend des circonstances : au lieu que la fin à laquelle on doit tendre doit toûjours être fixe ; & l'on ne peut trop s'en aprocher. Voilà le fondement de la Morale de Confucius : & c'est pour cela que le Saint, suivant lui, ne sçauroit être trop conforme à l'idée que le Ciel a formée du Saint & du Parfait, étant capable d'une perfection infinie, & ne pouvant être achevée qu'il n'ait atteint à la nature divine : *Divina consors natura.*

On pourroit peut-être encore regarder Confucius comme une espece de Prophéte, qui a prédit la venuë du Messie : Car il disoit que le Saint envoié du Ciel, viendroit dans l'Occident : Et il se trouve que la Judée est Occidentale à l'égard de la Chine. Le Saint sçaura toutes choses, & il aura tout pouvoir dans le Ciel & sur la Terre. Cela convient à Jesus-Christ, à qui on disoit : *Nunc scimus quia scis omnia, & non opus habes ut aliquis te interroget, in hoc scimus quia à Deo existi.* Vous n'avez pas besoin que l'on vous aprenne aucune chose en vous interrogeant. Cette façon de parler témoigne que la maniere d'enseigner de Platon étoit en usage de ce tems-là. Vous sçavez que ce Philosophe obligeoit ainsi à méditer & à s'instruire soi-même, en consultant les idées de la verité, dont il prétendoit que tous les hommes étoient pourvûs. Voilà donc la premiere partie de nôtre Prophetie vérifiée. Pour ce qui est de la seconde, il ne faut qu'entendre dire à Jesus-Christ : *Data est mihi omnia potestas in cœlo & in terra : ite, docete omnes Gentes,* &c.

Quoi qu'il en soit, vous ne vous étonnerez pas que des Gentils aient pensé au Messie, parce qu'enfin ils l'ont tous souhaité: *Desideratus cunctus Gentibus* C'est ce que je prouverois plus amplement, si j'écrivois un Livre, & non pas une simple Lettre.

*De Paris le 23. Janvier 1688. S. F.****

APPROBATION.

J'Ay lû une *Lettre sur la Morale de Confucius, Philosophe de la Chine.* Fait le huitiéme de May 1688.

Signé, COUSIN.

www.ingramcontent.com/pod-product-compliance
Lightning Source LLC
Chambersburg PA
CBHW070704050426
42451CB00008B/486